Vente du Vendredi 17 Février 1865

[Hainegue]

AMEUBLEMENTS

TAPISSERIES

BOISERIES SCULPTÉES

EXPOSITION PUBLIQUE :

Le Jeudi 16 Février 1865

Mᵉ Ch. PILLET, Commissaire-Priseur

M. ROUSSEL, Expert

PARIS. IMPRIMERIE DE PILLET FILS AÎNÉ
5, RUE DES GRANDS-AUGUSTINS.

CATALOGUE

DE BEAUX

AMEUBLEMENTS

TAPISSERIES DES GOBELINS & DE BEAUVAIS

FAÏENCES DE ROUEN

TABLEAUX

PROVENANT DU CHATEAU DE S***

———

Boiseries sculptées du temps de Louis XVI, provenant du café de Foy

(AU PALAIS-ROYAL)

———

DONT LA VENTE AUX ENCHERES PUBLIQUES AURA LIEU

HOTEL DROUOT, SALLE N° 7

Le Vendredi 17 Février 1865

A DEUX HEURES

———

Par le ministère de Mᵉ **CHARLES PILLET**, Commissaire-Priseur,
rue de Choiseul, 11,

Assisté de M. **ROUSSEL**, Expert, rue de la Victoire, 20,

Chez lesquels se distribue le présent Catalogue

———

EXPOSITION PUBLIQUE

Le Jeudi 16 Février 1865, de une heure à cinq heures.

CONDITIONS DE LA VENTE

Elle sera faite au comptant.

Les adjudicataires payeront *cinq pour cent* en sus des enchères, applicables aux frais.

Paris. — Imprimerie de Pillet fils aîné, rue des Grands-Augustins, 5.

DÉSIGNATION

DES OBJETS

Tapisseries et Meubles

1 — Grande et belle tenture de salon en tapisserie des Gobelins, composée de trois parties, portant chacune 3 mètres
20 cent. de hauteur, et dont une a 5 mètres de largeur et
les deux autres 1 mètre 30 cent. de largeur chacune. Elles
sont décorées de médaillons renfermant des sujets tirés des
fables de la Fontaine, avec de riches encadrements et en-
tourages de guirlandes de fleurs, vases, trophées d'armes
et artistiques.

Le tout d'une grande fraîcheur et d'une bonne conservation.

2 — Autres tentures de salon en tapisserie des Gobelins, composée de cinq parties représentant des sujets mythologiques avec encadrements richement ornés. Elles portent

chacune 3 mètres de hauteur; les largeurs, inégales, sont :
une de 3 mètres 40 cent.. une de 2 mètres 75 cent., deux
de 2 mètres 20 cent. et une de 1 mètre 75 cent.

3 — Quatre tapisseries de Beauvais à sujets flamands d'après
D. Teniers. Hauteur : 3 mètres 5 cent.; largeur : une de
4 mètres 70 cent.; deux de 4 mètres 25 et une de 2 mètres
85 cent.

4 — Meuble de salon du temps de Louis XVI en bois sculpté
peint en blanc, couvert en tapisserie des Gobelins représentant des fables de la Fontaine; il est composé d'un
grand canapé et six fauteuils, le tout d'une bonne conservation et très-frais.

5 — Deux canapés chaises-longues du temps de Louis XV,
en bois sculpté, avec coussins, le tout couvert en velours
de laine jaune.

6 — Petit guéridon à colonnes torses (flamand).

7 — Lit en bois sculpté teinté couleur de chêne, époque
Louis XVI, garni en toile perse à bandes bleues et fleurs,
très-frais.

8 — Autre lit semblable.

9 — Autre lit à peu près semblable.

10 — Lit semblable aux précédents.

11 — Petite table de nuit en bois sculpté avec pieds à colonnes torses.

12 — Autre table de nuit semblable.

13 — Deux petites banquettes à six pieds, en bois sculpté, époque Louis XV, couvertes en velours de laine jaune.

14 — Grand lit à dais du temps de Louis XIII en bois de noyer sculpté, dont les quatre colonnes en forme de balustres et le dossier élevé sont ornés de moulures réchampies en noir, ainsi que la frise et le soubassement. Hauteur, 2 mètres 30 cent.; largeur, 1 mètre 45 cent., longueur, 2 mètres 30 cent.

Ce beau lit est garni de ses rideaux et de son couvre-pieds en étoffe de soie.

15 — Autre grand lit à dais, imité du précédent.

16 — Cabinet du temps de Louis XIII, en bois d'ébène décoré d'arabesques gravées et de moulures guillochées; il ferme à quatre venteaux et renferme un grand nombre de tiroirs du même travail. Hauteur, 1 mètre 80 cent.; largeur, 1 mètre 22 cent.

17 — Petit guéridon formant torchère en bois de chêne sculpté, pied à colonne torse.

18 — Quatre grands fauteuils confortables couverts en maroquin vert.

19 — Deux pouffs, couverts en maroquin vert.

20 — Dressoir flamand à étagères, en bois de chêne sculpté, orné de balustres et de moulures.

21 — Autre dressoir en bois sculpté, orné de cariatides et de mascarons, et supporté par des colonnes torses à chapiteaux corinthiens.

22 — Bahut en bois de chêne sculpté.

23 — Huit grands fauteuils époque Louis XIV, en bois sculpté, couverts en étoffe perse à bandes bleues et fleurs.

24 — Table de nuit en chêne sculpté.

25 — Petit canapé en bois de chêne sculpté époque Louis XV, avec deux coussins ; le tout garni en perse à bandes bleues et fleurs.

26 — Chaise-longue se divisant en deux parties, .en bois de chêne sculpté, garnie en perse.

27 — Table-étagère en bois de chêne sculpté, les tablettes sont garnies en velours vert.

28 — Glace ovale, avec belle bordure en bois sculpté du temps de Louis XIII.

29 — Grande glace avec riche bordure en bois sculpté et doré, découpé à jour. Hauteur, 1 mètre 90 cent.; largeur, 1 mètre 20 cent.

30 — Deux buffets formant retour d'équerre, en bois de chêne. Hauteur, 1 mètre; largeur en un sens, 2 mètres, et 1 mètre 55 en retour.

31 — Petit bahut en bois sculpté, orné de cariatides et de mascarons.

32 — Table à manger en bois de chêne sculpté avec rallonges; les pieds sont ornés de griffons.

33 — Six chaises de salle à manger en bois de chêne sculpté, avec pieds et entrejambes à balustres; elles sont couvertes en peau de sanglier, provenant du château de la Ferté-Vidame.

34 — Table à découper formant dressoir, en bois de chêne sculpté.

35 — Deux bergères en bois sculpté, époque Louis XIV, garnies en perse, à bandes bleues et fleurs.

36 — Pendule régulateur en marqueterie d'étain sur ébène du temps de Louis XIII. Hauteur, 2 mètre 10 cent.

Objets divers

37 — Armures de chevalier, du xvie siècle, en fer gravé.

38 — Sculpture de haut relief en marbre blanc, représentant le Calvaire, cadre en bois noir à moulures dorées. Hauteur, 45 cent.; largeur, 37 cent.

39 — Deux statuettes en pied, Henri IV et Marie de Médicis, en bronze de couleur florentine, sur piédestaux en marbre griotte, portant les écussons et les armes des deux personnages.

40 — Lion couché, en bronze vert, sur piédestal en marbre griotte.

41 — Deux vases en bronze vert, avec couvercle, ornés de sujets de chasse en bas-relief, sur socles en bois de chêne.

42 — Deux candélabres à trépied orné de têtes de lions, en bronze vert.

43 — Groupe de deux chevaux en liberté, en bronze sur socle en chêne.

44 — Service très-nombreux en faïence de Rouen, à la corne

d'abondance, avec fleurs et oiseaux, composé d'environ trois cents pièces, telles que : soupières de diverses formes et grandeurs, plats ronds et ovales, assiettes de diverses grandeurs, saladiers et bols, compotiers, jardinières, porte-huilliers, etc., etc.

Le tout, en bon état de conservation, sera divisé par lots, au gré des amateurs.

45 — Une paire de chenets, de style gothique, en fer et cuivre poli.

46 — Lustre flamand, à cinq branches, en cuivre poli ; il est muni de sa chaîne de suspension.

Tableaux

47 — HONDIUS. Chasse an sanglier. Daté et signé.

48 — NATOIRE. Deux pendants représentant des sujets mythologiques. Datés et signés.

49 — SNEYDERS. Nature morte : gibiers et fruits, avec une figure. Cadre en bois sculpté, rehaussé de dorure.

50 — OUDRY. Chien de chasse en arrêt. Daté et signé.

51 — OUDRY. Autre chien de chasse. Daté et signé.

52 — DUMONT LE ROMAIN. Enlèvement de Déjanire.

53 — Quatre médaillons représentant des vases de fleurs.

54 — Les objets omis seront vendus sous ce numéro.

SUPPLÉMENT

55 — Grande et belle boiserie en bois sculpté, du 'emps de
Louis XVI, provenant de l'ancien café de Foy, au Palais-
Royal.

56 — Une très-belle tapisserie des Gobelins représentant
Méléagre ; bordure très-riche.

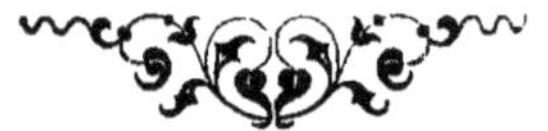

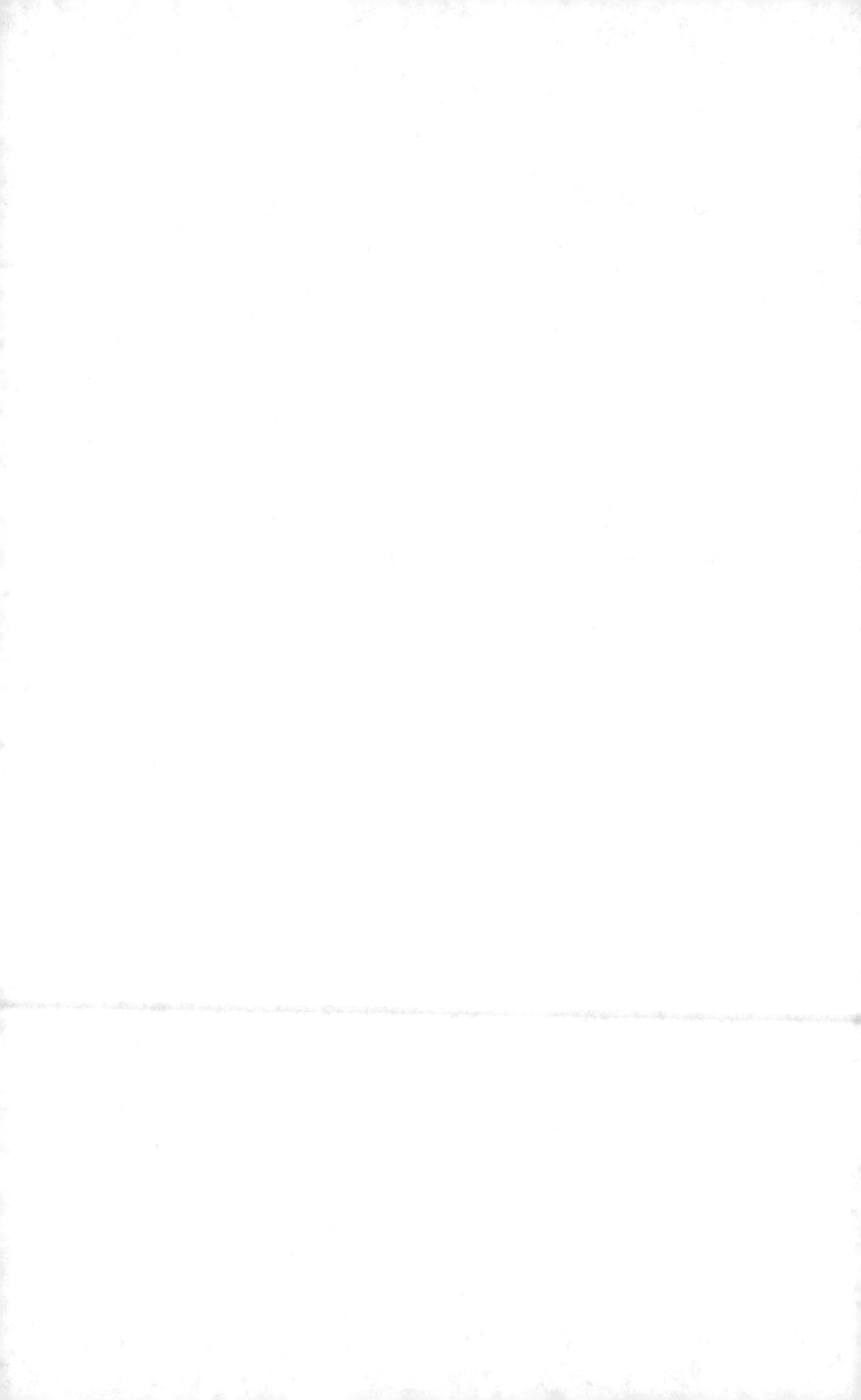